甘露露一切

維摩書

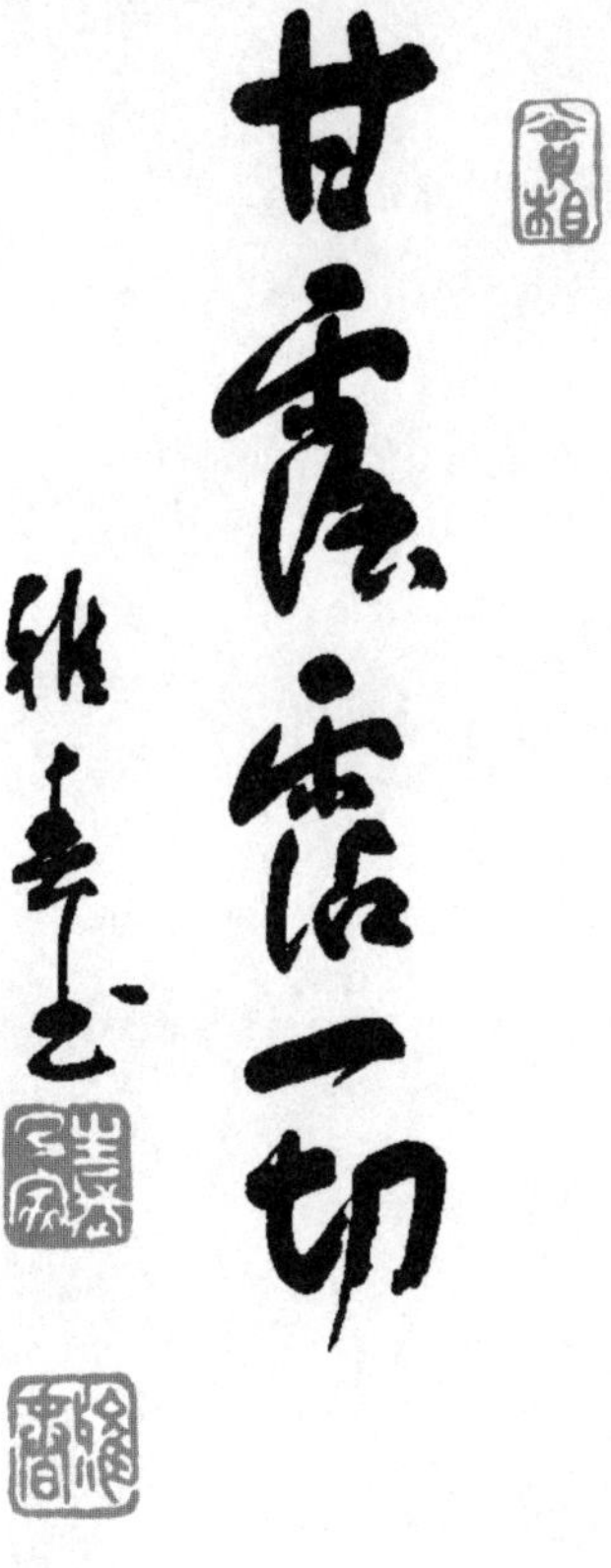

ブック型

合本 聖経

甘露の法雨
天使の言葉

谷口雅春

光明思想社

招神歌

生《い》きとし生《い》けるものを生《い》かし給《たま》える御祖神《みおやがみ》元津霊《もとつみたま》ゆ幸《さきは》え給《たま》え。
吾《わ》が生《い》くるは吾《わ》が力《ちから》ならず、天地《あめつち》を貫《つらぬ》きて生《い》くる祖神《みおや》の生命《いのち》。
吾《わ》が業《わざ》は吾《わ》が為《な》すにあらず、天地《あめつち》を貫《つらぬ》きて生《い》くる祖神《みおや》の権能《ちから》。
天地《あめつち》の祖神《みおや》の道《みち》を伝《つた》えんと顕《あ》れましし生長《せいちょう》の家大神《いえのおおかみ》守《まも》りませ。

甘露の法雨

『七《なな》つの灯台《とうだい》の点灯者《てんとうしゃ》』の神示《しんじ》

〇

汝《なんじ》ら天地《てんち》一切《いっさい》のものと和解《わかい》せよ。天地《てんち》一切《いっさい》のものとの和解《わかい》が成立《せいりつ》するとき、天地《てんち》一切《いっさい》のものは汝《なんじ》の味方《みかた》である。天地《てんち》一切《いっさい》のものが汝《なんじ》の味方《みかた》となるとき、天地《てんち》の万物《ばんぶつ》何物《なにもの》も汝《なんじ》を害《がい》することは出《で》来《き》ぬ。汝《なんじ》が何物《なにもの》かに傷《きず》けられたり、黴菌《ばいきん》や悪霊《あくれい》に冒《おか》されたりするのは汝《なんじ》が天地《てんち》一切《いっさい》のものと和解《わかい》していない証拠《しょうこ》であるから省《かえり》みて和解《わかい》せよ。われ嘗《かつ》て神《かみ》の祭壇《さいだん》の前《まえ》に供《そな》え物《もの》を献《ささ》ぐるとき先《ま》ず汝《なんじ》の兄弟《きょうだい》と和《わ》せよと教《おし》えたのはこの意味《いみ》である。汝《なんじ》らの兄弟《きょうだい》のうち最《もっと》も大《だい》なる者《もの》は汝《なんじ》らの父母《ちちはは》である。神《かみ》に感謝《かんしゃ》しても父母《ちちはは》に感謝《かんしゃ》し得《え》ない者《もの》は神《かみ》の心《こころ》にかなわぬ。天地万物《てんちばんぶつ》と和解《わかい》せよとは、天地《てんち》万物《ばんぶつ》に感謝《かんしゃ》せよとの意味《いみ》である。本当《ほんとう》の和解《わかい》は互《たが》いに怺《こら》え合《あ》ったり、我慢《がまん》し合《あ》ったりするのでは得《え》られぬ。怺《こら》えたり我慢《がまん》しているのでは心《こころ》の奥底《おくそこ》で和解《わかい》していぬ。感謝《かんしゃ》し合《あ》ったとき本当《ほんとう》の和解《わかい》が成《せい》立《りつ》する。神《かみ》に感謝《かんしゃ》しても天地万物《てんちばんぶつ》に感謝《かんしゃ》せぬものは天地万物《てんちばんぶつ》と和解《わかい》が成立《せいりつ》せぬ。天地万物《てんちばんぶつ》との和解《わかい》が成立《せいりつ》せねば、神《かみ》は助《たす》けとうても、争《あらそ》いの念波《ねんぱ》は神《かみ》の救《すく》いの念波《ねんぱ》を能《よ》う受《う》けぬ。皇恩《こうおん》に感謝《かんしゃ》せよ。汝《なんじ》の父母《ちちはは》に感謝《かんしゃ》せよ。汝《なんじ》の夫《おっと》又《また》は妻《つま》に感謝《かんしゃ》せよ。汝《なんじ》の子《こ》に感謝《かんしゃ》せよ。汝《なんじ》の召使《めしつかい》に感謝《かんしゃ》せよ。一切《いっさい》の人々《ひとびと》に感謝《かんしゃ》せよ。天地《てんち》の万物《すべてのもの》に感謝《かんしゃ》せよ。その感謝《かんしゃ》の念《ねん》の中《うち》にこそ汝《なんじ》はわが姿《すがた》を見《み》、わが救《すくい》を受《う》けるであろう。われは全《すべ》ての総《すべ》てであるからすべてと和解《わかい》したものの中《なか》にのみわれはいる。われは此処《ここ》に見《み》よ、彼処《かしこ》に見《み》よと云《い》うが如《ごと》くにはいないのである。だからわれは霊媒《れいばい》には憑《かか》らぬ。神《かみ》を霊媒《れいばい》に招《よ》んでみて神《かみ》が来《く》ると思《おも》ってはならぬ。われを招《よ》ばんとすれば天地《てんち》すべてのものと和解《わかい》してわれを招《よ》べ。われは愛《あい》であるから、汝《なんじ》が天地《てんち》すべてのものと和解《わかい》したとき其処《そこ》にわれは顕《あらわ》れる。

（昭和六年九月二十七日夜神示）

○

時《とき》が来《き》た。今《いま》すべての病人《びょうにん》は起《た》つことが出来《でき》るのである。最早《もはや》、あなたにとって病気《びょうき》は存在《そんざい》しない時《とき》が来《き》たのである。二千年前《にせんねんぜん》、キリストが『汝《なんじ》の信仰《しんこう》によって汝《なんじ》の信《しん》ずる如《ごと》くなれ』と云《い》う唯一語《ただいちご》で、遠隔《えんかく》の地《ち》にいる病人《びょうにん》を癒《い》やした其《そ》の真理《しんり》が、すべての人類《じんるい》に開顕《かいけん》される時期《じき》が来《き》たのである。『生長《せいちょう》の家《いえ》』を読《よ》み真理《しんり》を知《し》るだけで遠《とお》くにいて病気《びょうき》が治《なお》る事実《じじつ》を見《み》よ。『生長《せいちょう》の家《いえ》』は今《いま》かの黙示録《もくしろく》が予言《よげん》した『完成《ななつ》の灯台《とうだい》』として人《じん》類《るい》の前《まえ》に臨《のぞ》むのである。此《こ》の灯台《とうだい》より真理《しんり》の光《ひかり》を受《う》くるものは、創世記《そうせいき》のエデンの楽園追放以後《らくえんついほういご》、人類《じんるい》を悩《なや》ましたところの『罪《つみ》』と『病《やまい》』と『死《し》』

との三暗黒《さんあんこく》を消尽《しょうじん》するのである。光《ひかり》が近付《ちかづ》くときすべての暗黒《あんこく》は消《き》える。『真理《しんり》』が近《ちか》づく時《とき》、すべての『迷《まよ》い』が消《き》える。『迷《まよい》』が消《き》える時《とき》、『迷《まよい》』の産物《さんぶつ》なる『罪《つみ》』と『病《やまい》』と『死《し》』とは消《き》える。疑《うたが》わずに吾《わ》が光《ひかり》を受《う》けよ。われは『完成《ななつ》の灯台《とうだい》』に灯《ひ》を点《てん》ずるものである。（昭和六年一月十五日神示）

聖経 甘露《かんろ》の法雨《ほうう》

神《かみ》

或《あ》る日《ひ》天使《てんのつかい》生長《せいちょう》の家《いえ》に来《きた》りて歌《うた》い給《たま》う――

創造《そうぞう》の神《かみ》は

五感《ごかん》を超越《ちょうえつ》している、
六感《ろっかん》も超越《ちょうえつ》している、
聖《せい》
至上《しじょう》
無限《むげん》
宇宙《うちゅう》を貫《つらぬ》く心《こころ》
宇宙《うちゅう》を貫《つらぬ》く生命《せいめい》

宇宙《うちゅう》を貫《つらぬ》く法則《ほうそく》
真理《しんり》
光明《こうみょう》
智慧《ちえ》
絶対《ぜったい》の愛《あい》。
これらは大生命《だいせいめい》――
絶対《ぜったい》の神《かみ》の真性《しんせい》にして

神《かみ》があらわるれば乃《すなわ》ち
善《ぜん》となり、
義《ぎ》となり、
慈悲《じひ》となり、
調和《ちょうわ》おのずから備《そな》わり、
一切《いっさい》の生物《せいぶつ》処《ところ》を得《え》て争《あらそ》うものなく、
相食《あいは》むものなく、

病《や》むものなく、
苦《くる》しむものなく、
乏《とぼ》しきものなし。

神《かみ》こそ渾《すべ》ての渾《すべ》て、
神《かみ》は渾《すべ》てにましまして絶対《ぜったい》なるが故《ゆえ》に、
神《かみ》の外《そと》にあるものなし。

神《かみ》は実在《じつざい》のすべてを蔽《おお》う。
存在《そんざい》するものにして
神《かみ》によって造《つく》られざるものなし。

神《かみ》が一切《いっさい》のものを造《つく》りたまうや
粘土《ねんど》を用《もち》い給《たま》わず、
木材《もくざい》を用《もち》い給《たま》わず、

槌《つち》を用《もち》いたまわず、
鑿《のみ》を用《もち》いたまわず、
如何《いか》なる道具《どうぐ》も材料《ざいりょう》も用《もち》い給《たま》わず、
ただ『心《こころ》』をもって造《つく》りたまう。
『心《こころ》』はすべての造《つく》り主《ぬし》、
『心《こころ》』は宇宙《うちゅう》に満《み》つる実質《じっしつ》、
『心《こころ》』こそ『全能《ぜんのう》』の神《かみ》にして遍在《へんざい》した

まう。

この全能《ぜんのう》なる神《かみ》、
完全《かんぜん》なる神《かみ》の
『心《こころ》』動《うご》き出《い》でてコトバとなれば
一切《いっさい》の現象《げんしょう》展開《てんかい》して万物《ばんぶつ》成《な》る。
万物《ばんぶつ》はこれ神《かみ》の心《こころ》、

万物《ばんぶつ》はこれ神《かみ》のコトバ、
すべてはこれ霊《れい》、
すべてはこれ心《こころ》、
物質《ぶっしつ》にて成《な》るもの一《ひと》つもなし。
物質《ぶっしつ》はただ心《こころ》の影《かげ》、
影《かげ》を見《み》て実在《じつざい》と見《み》るものはこれ迷《まよい》。
汝《なんじ》ら心《こころ》して迷《まよい》に捉《とら》わるること勿《なか》れ。

汝《なんじ》ら『実在《じつざい》』は永遠《えいえん》にして滅《ほろ》ぶること
なし。
『迷《まよい》』は須臾《しゅゆ》にして忽《たちま》ち破摧《はさい》す。
『実在《じつざい》』は自在《じざい》にして苦悩《くるしみ》なし
『迷《まよい》』は捉《とら》われの相《すがた》にして苦患多《くげんおお》し。
『実在《じつざい》』は真理《しんり》、

『迷《まよい》』は仮相《かりのすがた》、
実在《じつざい》は五官《ごかん》を超越《ちょうえつ》し
第六感《だいろっかん》さえも超越《ちょうえつ》して
人々《ひとびと》の感覚《かんかく》に映《えい》ずることなし。

霊《れい》

感覚《かんかく》はこれ信念《しんねん》の影《かげ》を視《み》るに過《す》ぎず。

汝《なんじ》ら霊眼《れいがん》を備《そな》えて霊姿《れいし》を視《み》るとも
実在《じつざい》を視《み》たるに非《あら》ず、
感覚《かんかく》にて視得《みう》るものは
すべて心《こころ》の影《かげ》にして第一義的実在《だいいちぎてきじつざい》にあら
ず、
霊姿《れいし》に甲乙《こうおつ》あり、
病《や》める霊《れい》あり、

苦《くる》しめる霊《れい》あり、
胃袋《いぶくろ》もあらざるに胃病《いびょう》に苦《くる》しめる霊《れい》あり、
心臓《しんぞう》も有《も》たざるに心臓病《しんぞうびょう》にて苦《くる》しめる霊《れい》あり、
これすべて迷《まよい》なり。
斯《か》くの如《ごと》き霊《れい》、人《ひと》に憑《よ》れば

憑《よ》られたる人或《ひとあるい》は胃病《いびょう》を顕《あら》わし、
或《あるい》は心臓病《しんぞうびょう》を顕《あら》わす。
されど霊覚《れいかく》に映《えい》ずる
さまざまの苦《くる》しめる霊《れい》は、
第一義的実在《だいいちぎてきじつざい》にあらず、
彼《かれ》らは誤《あやま》れる信念《しんねん》によりて
流転《るてん》せる迷《まよい》の影《かげ》なり。

迷《まよ》い迷《まよ》いて流転《るてん》せる心《こころ》は
その信念《しんねん》が形《かたち》となりて仮《かり》の相《すがた》を現《げん》ずべし。
されど如何《いか》に相《すがた》を現《げん》ずるとも
仮相《かりのすがた》は永遠《えいえん》に仮相《かそう》にして実在《じつざい》となることを得《え》ず。
汝《なんじ》ら、実在《じつざい》にあらざる物《もの》を恐《おそ》るること勿《なか》

れ、
実在《じつざい》にあらざる物《もの》を実在《じつざい》せるが如《ごと》く扱《あつか》う
こと勿《なか》れ。
実在《じつざい》にあらざる物《もの》には実在《じつざい》をもって相対《あいたい》
せよ。
真《しん》にあらざるものには真《しん》をもって相対《あいたい》せ
よ。

仮相《かりのすがた》に対《たい》しては実相《じっそう》を以《もっ》て相対《あいたい》せよ。
闇《やみ》に対《たい》しては光《ひかり》をもって相対《あいたい》せよ。
非実在《ひじつざい》を滅《めっ》するものは実在《じつざい》のほかに在《あ》らざるなり。
仮相《かりのすがた》を破《やぶ》るものは実相《じっそう》のほかに在《あ》らざるなり。
虚妄《こもう》を壊《え》するものは真理《しんり》のほかに在《あ》らざ

るなり。
闇《やみ》の無《む》を証明《しょうめい》するものは光《ひかり》のほかに在《あ》らざるなり。
彼《かれ》らに生命《せいめい》の実相《じっそう》を教《おし》えよ。
彼《かれ》らに生命《せいめい》の実相《じっそう》が神《かみ》そのものにして完《かん》全《ぜん》なる事《こと》を教《おし》えよ。
神《かみ》はすべてなるが故《ゆえ》に

神《かみ》は罪《つみ》を作《つく》らざるが故《ゆえ》に
神《かみ》のほかに造《つく》り主《ぬし》なきが故《ゆえ》に
此《こ》の世界《せかい》に犯《おか》されたる罪《つみ》もなく
報《むく》いらるべき罪《つみ》もなきことを教《おし》えよ。
三界《さんがい》の諸霊《しょれい》
三界《さんがい》の諸生命《しょせいめい》
この真理《しんり》を観《かん》じ、

この真理《しんり》をさとりて、
一切《いっさい》苦患《くげん》の源《みなもと》となるべき
顛倒妄想《こころのまよい》を摧破《さいは》すれば、
天界《てんかい》の諸神《しょじん》ことごとく真理《しんり》の合唱《コーラス》を雨《あめ》ふらし
現世《このよ》の生命《せいめい》ことごとく光《ひか》りを仰《あお》ぎ、
惑障《わくしょう》ことごとく消滅《しょうめつ》し、此世《このよ》はこの儘《まま》に

て光明世界《こうみょうせかい》を示現《じげん》せん。

物質《ぶっしつ》

汝《なんじ》ら感覚《かんかく》にてみとむる物質《ぶっしつ》を
実在《じつざい》となすこと勿《なか》れ。
物質《ぶっしつ》はものの実質《じっしつ》に非《あら》ず、
生命《せいめい》に非《あら》ず、

真理《しんり》にあらず、
物質《ぶっしつ》そのものには知性《ちしょう》なく
感覚《かんかく》なし。
物質《ぶっしつ》は畢竟《ひっきょう》『無《む》』にしてそれ自身《じしん》の性《せい》
質《しつ》あることなし。
これに性質《せいしつ》を与《あた》うるものは『心《こころ》』にほか
ならず。

『心《こころ》』に健康《けんこう》を思《おも》えば健康《けんこう》を生《しょう》じ、
『心《こころ》』に病《やまい》を思《おも》えば病《やまい》を生《しょう》ず。

そのさま恰《あたか》も
映画《えいが》の舞台面《スクリーン》に
力士《りきし》を映《うつ》せば力士《りきし》を生《しょう》じ
病人《びょうにん》を映《うつ》せば病人《びょうにん》を生《しょう》ずれども、
映画《えいが》のフィルムそのものは

無色透明《むしょくとうめい》にして本来力士《ほんらいりきし》も無《な》く
病人《びょうにん》も無《な》く
ただ無色透明《むしょくとうめい》の実質《フィルム》の上《うえ》を蔽《おお》える
印画液《いんがえき》によりて生《しょう》じたる色々《いろいろ》の模様《くもり》が、
或《あるい》は力士《りきし》の姿《すがた》を現《げん》じ、
或《あるい》は病人《びょうにん》の姿《すがた》を現《げん》ずるが如《ごと》し。
されど健康《けんこう》なる力士《りきし》も

虚弱《きょじゃく》なる病人《びょうにん》も
印画液《いんがえき》の作用《さよう》によりて生《しょう》じたる
影《かげ》にして実在《じつざい》に非《あら》ず。
汝《なんじ》ら若《も》し活動写真《かつどうしゃしん》の映写機《えいしゃき》に
印画液《いんがえき》によりて生《しょう》じたる色々《いろいろ》の模様《くもり》なき
無色透明《むしょくとうめい》のフィルムをかけて
舞台面《スクリーン》にこれを映写《えいしゃ》すれば、

やがて老《お》いて死《し》すべき健康《けんこう》なる力士《りきし》もなく
虚弱《きょじゃく》なる病人《びょうにん》は無論《むろん》なく
ただ舞台面《スクリーン》にあるものは光明《こうみょう》そのもの、
生命《せいめい》そのものにして
赫灼《かくしゃく》として照《て》り輝《かがや》かん。
汝《なんじ》ら今《いま》こそ知《し》れ、

汝《なんじ》らの『生命《せいめい》』は健康《けんこう》なる力士《りきし》の生命《せいめい》以上《いじょう》のものなることを。
如何《いか》なる健康《けんこう》なる力士《りきし》も
彼《かれ》が肉体《にくたい》を実在《じつざい》と観《み》、
肉体即《にくたいすなわ》ち彼《かれ》なりと観《み》る以上《いじょう》は
彼《かれ》は滅《ほろ》ぶる者《もの》にして真《しん》の『健康《けんこう》』に非《あら》ざるなり。

真《しん》の『健康《けんこう》』は物質《ぶっしつ》に非《あら》ず、肉体《にくたい》に非《あら》ず、
真《しん》の『生命《せいめい》』は物質《ぶっしつ》に非《あら》ず、肉体《にくたい》に非《あら》ず、
真《しん》の『汝《なんじ》そのもの』は物質《ぶっしつ》に非《あら》ず、肉体《にくたい》
に非《あら》ず。
物質《ぶっしつ》の奥《おく》に、
肉体《にくたい》の奥《おく》に、
霊妙《れいみょう》きわまりなく完全《かんぜん》なる存在《そんざい》あり。

これこそ神《かみ》に造《つく》られたる儘《まま》の完全《かんぜん》なる
『汝《なんじ》そのもの』にして、
常住健康永遠不滅《じょうじゅうけんこうえいえんふめつ》なる『生命《せいめい》』なり。
汝《なんじ》ら今《いま》こそ物質《ぶっしつ》を超越《ちょうえつ》して
汝自身《なんじじしん》の『生命《せいめい》』の実相《じっそう》を自覚《じかく》せよ。

実《じつ》在《ざい》

天使《てんのつかい》また続《つづ》いて説《と》き給《たま》わく――

実在《じつざい》はこれ永遠《えいえん》、

実在《じつざい》はこれ病《や》まず、

実在《じつざい》はこれ老《お》いず、

実在《じつざい》はこれ死《し》せず、

この真理《しんり》を知《し》ることを道《みち》を知《し》ると云《い》う。
実在《じつざい》は宇宙《うちゅう》に満《み》ちて欠《か》けざるが故《ゆえ》に道《みち》と
云《い》う。

道《みち》は神《かみ》と倶《とも》にあり、
神《かみ》こそ道《みち》なり、実在《じつざい》なり。
実在《じつざい》を知《し》り、実在《じつざい》に住《お》るものは、
消滅《しょうめつ》を超越《ちょうえつ》して

常住円相《じょうじゅうえんそう》なり。

生命《せいめい》は生《せい》を知《し》って死《し》を知《し》らず。
生命《せいめい》は実在《じつざい》の又《また》の名《な》、
実在《じつざい》は始《はじ》めなく終《おわ》りなく、
滅《ほろ》びなく、死《し》なきが故《ゆえ》に、
生命《せいめい》も亦始《またはじ》めなく、終《おわ》りなく、

亡《ほろ》びなく、死滅《しめつ》なし。
生命《せいめい》は時間《じかん》の尺度《しゃくど》のうちにあらず、
老朽《ろうきゅう》の尺度《しゃくど》のうちにあらず、
却《かえ》って時間《じかん》は生命《せいめい》の掌 中《しょうちゅう》にあり。
これを握《にぎ》れば一点《いってん》となり、
これを開《ひら》けば無窮《むきゅう》となる。
若《わか》しと思《おも》う者《もの》は忽《たちま》ち若返《わかがえ》り、

老《お》いたりと思《おも》う者《もの》は忽《たちま》ち老《お》い朽《く》つるも宜《むべ》なるかな。

空間《くうかん》も亦《また》決《けっ》して生命《せいめい》を限《かぎ》定るものにはあらず、

空間《くうかん》は却《かえ》って生命《せいめい》の造《つく》りたる『認識《にんしき》の形式《けいしき》』にすぎず、

生命《せいめい》は主《しゅ》にして空間《くうかん》は従《じゅう》なり。

空間《くうかん》の上《うえ》に投影《とうえい》されたる
生命《せいめい》の放射《ほうしゃ》せる観念《かんねん》の紋《あや》、
これを称《しょう》して物質《ぶっしつ》と云《い》う。
物質《ぶっしつ》は本来無《ほんらいむ》にして
自性《じしょう》なく力《ちから》なし。
これに性質《せいしつ》あり、
また生命《せいめい》を支配《しはい》する力《ちから》あるかの如《ごと》き観《かん》を

呈《てい》するは
生命《せいめい》が『認識《にんしき》の形式《けいしき》』を通過《つうか》する際《さい》に起《おこ》した
る『歪《ゆが》み』なり。
汝《なんじ》ら、この『歪《ゆが》み』に捉《とら》われることなく、
生命《せいめい》の実相《じっそう》を正観《せいかん》せよ。
生命《せいめい》の実相《じっそう》を知《し》る者《もの》は
因縁《いんねん》を超越《ちょうえつ》して生命本来《せいめいほんらい》の歪《ゆが》みなき円相《えんそう》

的自由《てきじゆう》を獲得《かくとく》せん。

智《ち》　慧《え》

智慧《ちえ》はこれ本来神《ほんらいかみ》のひかり、
実在《じつざい》に伴《ともな》う円相的光《えんそうてきひかり》なり、
それは無量光《むりょうこう》、無辺光《むへんこう》にして局限《かぎり》なし、
局限《かぎり》なきが故《ゆえ》に

一切《いっさい》のものに満《み》ちて
一切《いっさい》のものを照《てら》し給《たま》う。
人間《にんげん》は光《ひかり》の子《こ》にして常《つね》に光《ひかり》の中《なか》にあれば
暗《くら》きを知《し》らず、
躓《つまず》きを知《し》らず、
罣礙《さわり》を知《し》らず、
かの天人《てんにん》が天界《てんかい》を遊行《ゆうこう》するが如《ごと》く

また海魚《かいぎょ》が水中《すいちゅう》を游泳《ゆうえい》するが如《ごと》く
光《ひかり》の世界《せかい》に光《ひかり》に満《み》たされ法悦《ほうえつ》に満《み》たされ
て遊行《ゆうこう》す。

智慧《ちえ》はこれ悟《さと》りの光《ひかり》にして、
無明《まよい》の暗《やみ》を照破《しょうは》する真理《しんり》なり。
真理《しんり》のみ実在《じつざい》、

無明《むみょう》はただ悟《さと》らざる真理《しんり》にして
これを喩《たと》えば悪夢《あくむ》の如《ごと》し。
汝《なんじ》ら悪夢《あくむ》を観《み》ることなかれ。
悟《さと》れば忽《たちま》ち此《こ》の世界《せかい》は光明《こうみょう》楽土《らくど》となり、
人間《にんげん》は光明《こうみょう》生命《せいめい》なる実相《じっそう》を顕現《けんげん》せん。

神《かみ》は無量光《むりょうこう》、無辺光《むへんこう》の智慧《ちえ》、

かぎりなき善《ぜん》、
かぎりなき生命《せいめい》、
一切《いっさい》のものの実質《じっしつ》、
また一切《いっさい》のものの創造主《つくりぬし》、
されば神《かみ》は一切所《いっさいしょ》に遍在《へんざい》し給《たま》う。
神《かみ》は遍在《へんざい》する実質《じっしつ》且《か》つ創造主《つくりぬし》なるが故《ゆえ》に
善《ぜん》のみ唯一《ゆいいつ》の力《ちから》、

善《ぜん》のみ唯一《ゆいいつ》の生命《せいめい》、
善《ぜん》のみ唯一《ゆいいつ》の実在《じつざい》、
されば善《ぜん》ならざる力《ちから》は決《けっ》して在《あ》ることな
し、
善《ぜん》ならざる生命《せいめい》も決《けっ》して在《あ》ることなし、
善《ぜん》ならざる実在《じつざい》も亦《また》決《けっ》して在《あ》ることなし。
善《ぜん》ならざる力《ちから》　即《すなわ》ち不幸《ふこう》を来《きた》す力《ちから》は畢竟《ひっきょう》

悪夢《あくむ》に過《す》ぎず。
善《ぜん》ならざる生命《せいめい》即《すなわ》ち病《やまい》は畢竟《ひっきょう》悪夢《あくむ》に過《す》ぎず。
すべての不調和《ふちょうわ》不完全《ふかんぜん》は畢竟《ひっきょう》悪夢《あくむ》に過《す》ぎず。
病気《びょうき》、不幸《ふこう》、不調和《ふちょうわ》、不完全《ふかんぜん》に積極的《せっきょくてき》
力《ちから》を与《あた》えたるは吾《われ》らの悪夢《あくむ》にして、

吾《われ》らが夢中《むちゅう》に悪魔《あくま》に圧《おさ》えられて苦《くる》しめど
も
覚《さ》めて観《み》れば現実《げんじつ》に何《なん》ら吾《われ》らを圧《おさ》える力《ちから》
はなく
吾《われ》と吾《わ》が心《こころ》にて胸《むね》を圧《おさ》えいるが如《ごと》し。
まことや、悪《あく》の力《ちから》、
吾《われ》らの生命《せいめい》を抑《おさ》える力《ちから》、

吾《われ》らを苦《くる》しむる力《ちから》は
真《しん》に客観的《かっかんてき》に実在《じつざい》する力《ちから》にはあらず。
吾《わ》が心《こころ》がみずから描《えが》きし夢《ゆめ》によって
吾《われ》と吾《わ》が心《こころ》を苦《くる》しむるに過《す》ぎず。
仏《ほとけ》の道《みち》ではこれを無明《まよい》と云《い》い
神《かみ》の道《みち》ではこれを罪《つみ》と云《い》う。
完全円満《かんぜんえんまん》の生命《せいめい》の実相《じっそう》をさとらざるが故《ゆえ》

に無明《まよい》と云《い》う。
完全円満《かんぜんえんまん》の生命《せいめい》の実相《じっそう》を包《つつ》みて顕現《けんげん》せしめざるが故《ゆえ》に罪《つみ》けがれと云《い》う。

無明《まよい》

かく天使《てんのつかい》生長《せいちょう》の家《いえ》にて歌《うた》いたまう時《とき》、
一人《ひとり》の天《てん》の童子《どうじ》あらわれて問《と》いを設《もう》けて

云《い》う。

『願《ねが》わくは人々《ひとびと》のために、人々《ひとびと》のさとりのために、無明《まよい》の本質《ほんしつ》を明《あきら》かになしたまえ』と。

天使《てんのつかい》答《こた》えて云《い》う――

無明《まよい》はあらざるものをありと想像《そうぞう》するが故《ゆえ》に無明《まよい》なり。

真相《しんそう》を知《し》らざるを迷《まよい》と云《い》う。
快苦《かいく》は本来物質《ほんらいぶっしつ》の内《うち》に在《あ》らざるに、
物質《ぶっしつ》の内《うち》に快苦《かいく》ありとなして、
或《あるい》は之《これ》を追《お》い求《もと》め、
或《あるい》は之《これ》より逃《に》げまどう、
かかる顚倒妄想《てんどうもうぞう》を迷《まよい》と云《い》う。
生命《せいめい》は本来物質《ほんらいぶっしつ》のうちにあらざるに

物質《ぶっしつ》の内《うち》に生命《せいめい》ありとなす妄想《もうぞう》を迷《まよい》と云《い》う。

本来物質《ほんらいぶっしつ》は心《こころ》の内《うち》にあり。

心《こころ》は物質《ぶっしつ》の主《しゅ》にして、

物質《ぶっしつ》の性質形態《せいしつけいたい》はことごとく心《こころ》の造《つく》るところなるにもかかわらず、

心《こころ》をもって物質《ぶっしつ》に支配《しはい》さるるものと誤《ご》

信《しん》し
物質《ぶっしつ》の変化《へんか》に従《したが》って
憂苦《ゆうく》し懊悩《おうのう》し、
われとわが生命《せいめい》の円満完全《えんまんかんぜん》なる実相《じっそう》を悟《さと》ることを得《え》ざるを迷《まよい》と云《い》う。
迷《まよい》は真実《しんじつ》の反対《はんたい》なるが故《ゆえ》に無明《むみょう》なり。
迷《まよい》は実在《じつざい》に反《はん》するが故《ゆえ》に非実在《ひじつざい》なり。

迷《まよい》若《も》し実在《じつざい》するものならば
迷《まよい》より生《しょう》じたる
憂苦《ゆうく》も懊悩《おうのう》もまた実在《じつざい》ならん。
されど、迷《まよい》は実在《じつざい》の虚《きょ》なるが故《ゆえ》に
憂苦《ゆうく》も懊悩《おうのう》もただ覚《さ》むべき悪夢《あくむ》にして実《じつ》
在《ざい》には非《あら》ざるなり。

罪《つみ》

『罪《つみ》は実在《じつざい》なりや？』とまた重《かさ》ねて天《てん》の童《どう》子《じ》は問《と》う。

天使《てんのつかい》の答《こた》うる声《こえ》聞《きこ》えて曰《いわ》く、

すべて真実《しんじつ》の実在《じつざい》は、

神《かみ》と神《かみ》より出《い》でたる物《もの》のみなり。

神《かみ》は完全《かんぜん》にして、
神《かみ》の造《つく》りたまいしすべての物《もの》も完全《かんぜん》なり。
然《しか》らば問《と》わん。汝《なんじ》は罪《つみ》を以《もっ》て完全《かんぜん》となすや？
此《こ》の時天《ときてん》の童子《どうじ》答《こた》えて曰《いわ》く――
『師《し》よ、罪《つみ》は完全《かんぜん》に非《あら》ず』と。

天使《てんのつかい》また説《と》き給《たま》う――
罪《つみ》は不完全《ふかんぜん》なるが故《ゆえ》に実在《じつざい》にあらず、
病《やまい》は不完全《ふかんぜん》なるが故《ゆえ》に実在《じつざい》にあらず、
死《し》は不完全《ふかんぜん》なるが故《ゆえ》に実在《じつざい》にあらず、
汝《なんじ》ら神《かみ》の造《つく》り給《たま》わざるものを実在《じつざい》となすなかれ。
在《あ》らざるものを悪夢《あくむ》に描《えが》きて恐怖《きょうふ》するこ

と勿《なか》れ。
罪《つみ》と病《やまい》と死《し》とは
神《かみ》の所造《しょぞう》に非《あら》ざるが故《ゆえ》に
実在《じつざい》の仮面《かめん》を被《こうむ》りたれども
非実在《ひじつざい》なり、虚妄《こもう》なり。
我《わ》れは此《こ》の仮面《かめん》を剥《は》いで
罪《つみ》と病《やまい》と死《し》との非実在《ひじつざい》を明《あきら》かにせんが為《ため》

に来《きた》れるなり。
嘗《かつ》て釈迦牟尼如来《しゃかむににょらい》もこの為《ため》に来《きた》りたまえり。
嘗《かつ》てイエスキリストもこの為《ため》に来《きた》りたまえり。
若《も》し罪《つみ》が実在《じつざい》ならば
十方《じっぽう》の諸仏《しょぶつ》もこれを消滅《しょうめつ》すること能《あた》わざ

るなり。
イエスキリストの十字架《じゅうじか》もこれを消滅《しょうめつ》
する事能《ことあた》わざるなり。
されど汝《なんじ》ら幸《さいわ》いなるかな、
罪《つみ》は非実在《ひじつざい》にして迷《まよい》の影《かげ》なるが故《ゆえ》に、
十方《じっぽう》の諸仏《しょぶつ》も
衆生《しゅじょう》を摂取《せっしゅ》してよく罪《つみ》を消滅《しょうめつ》したまえ

り。
イエスキリストも
ただ言葉《ことば》にて『汝《なんじ》の罪赦《つみゆる》されたり』と云《い》
いてよく罪《つみ》を消滅《しょうめつ》したまえり。
われも言葉《ことば》にて
『生長《せいちょう》の家《いえ》の歌《うた》』を書《か》かしめ、
言葉《ことば》の力《ちから》にて罪《つみ》の本質《ほんしつ》を暴露《ばくろ》して、

罪《つみ》をして本来《ほんらい》の無《む》に帰《き》せしむ。
わが言葉《ことば》を読《よ》むものは
実在《じつざい》の 実《ほんとのすがた》 相を知《し》るが故《ゆえ》に
一切《いっさい》の罪《つみ》 消滅《しょうめつ》す。
わが言葉《ことば》を読《よ》むものは
生命《せいめい》の 実《ほんとのすがた》 相を知《し》るが故《ゆえ》に
一切《いっさい》の病《やまい》 消滅《しょうめつ》し、

死《し》を越《こ》えて永遠《えいえん》に生《い》きん。

人《にん》　間《げん》

吾《われ》は『真理《しんり》』なり、
『真理《しんり》』より遣《つか》わされたる天使《てんのつかい》なり。
『真理《しんり》』より照《て》りかがやく『光《ひかり》』なり、
迷《まよい》を照破《しょうは》する『光《ひかり》』なり。

吾《われ》は『道《みち》』なり、
吾《わ》が言葉《ことば》を行《おこな》うものは道《みち》にそむかず。
吾《われ》は生命《いのち》なり、
吾《われ》に汲《く》む者《もの》は病《や》まず死《し》せず。
吾《われ》は救《すくい》なり、
吾《われ》に頼《たの》む者《もの》はことごとくこれを摂取《せっしゅ》して
実相《じっそう》の国土《こくど》に住《じゅう》せしむ。

天使《てんのつかい》かくの如《ごと》く説《と》き給《たま》えば
天《てん》の童子《どうじ》また重《かさ》ねて問《と》う。
『師《し》よ、人間《にんげん》の本質《ほんしつ》を明《あきら》かになし給《たま》え。』
天使《てんのつかい》答《こた》えたまわく――
人間《にんげん》は物質《ぶっしつ》に非《あら》ず、
肉体《にくたい》に非《あら》ず、
脳髄細胞《のうずいさいほう》に非《あら》ず、

神経細胞《しんけいさいぼう》に非《あら》ず、
血球《けっきゅう》に非《あら》ず、
血清《けっせい》に非《あら》ず、
筋肉細胞《きんにくさいぼう》に非《あら》ず。
それらすべてを組《く》み合《あわ》せたるものにも非《あら》ず。
汝《なんじ》ら、よく人間《にんげん》の実相《じっそう》を悟《さと》るべし、

人間《にんげん》は霊《れい》なり、
生命《せいめい》なり、
不死《ふし》なり。
神《かみ》は人間《にんげん》の光源《ひかりのみなもと》にして
人間《にんげん》は神《かみ》より出《い》でたる光《ひかり》なり。
光《ひかり》の無《な》き光源《こうげん》はなく、
光源《こうげん》の無《な》き光《ひかり》はなし。

光《ひかり》と光源《こうげん》とは一体《いったい》なるが如《ごと》く
人間《にんげん》と神《かみ》とは一体《いったい》なり。
神《かみ》は霊《れい》なるが故《ゆえ》に
人間《にんげん》も亦霊《またれい》なるなり。
神《かみ》は愛《あい》なるが故《ゆえ》に
人間《にんげん》も亦愛《またあい》なるなり。
神《かみ》は智慧《ちえ》なるが故《ゆえ》に

人間《にんげん》も亦《また》智慧《ちえ》なるなり。
霊《れい》は物質《ぶっしつ》の性《せい》に非《あら》ず、
愛《あい》は物質《ぶっしつ》の性《せい》に非《あら》ず、
智慧《ちえ》は物質《ぶっしつ》の性《せい》に非《あら》ず、

されば、
霊《れい》なる愛《あい》なる智慧《ちえ》なる人間《にんげん》は、
物質《ぶっしつ》に何《なん》ら関《かか》わるところなし。

まことの人間《にんげん》は、
霊《れい》なるが故《ゆえ》に、
愛《あい》なるが故《ゆえ》に、
智慧《ちえ》なるが故《ゆえ》に、
生命《せいめい》なるが故《ゆえ》に、
罪《つみ》を犯《おか》すこと能《あた》わず、
病《やまい》にかかること能《あた》わず、

死滅《しめつ》すること能《あた》わず、
罪《つみ》も、
病《やまい》も、
死《し》も、
畢竟《ひっきょう》汝《なんじ》らの悪夢《あくむ》に過《す》ぎず。
汝《なんじ》ら生命《せいめい》の実相《じっそう》を自覚《じかく》せよ。
汝《なんじ》らの実相《じっそう》たる『真性《しんせい》の人間《にんげん》』を自覚《じかく》

せよ。
『真性《しんせい》の人間《にんげん》』は神人《しんじん》にして
神《かみ》そのままの姿《すがた》なり。
滅《ほろ》ぶるものは『真性《しんせい》の人間《にんげん》』に非《あら》ず。
罪《つみ》を犯《おか》すものは『真性《しんせい》の人間《にんげん》』に非《あら》ず。
病《やまい》に罹《かか》るものは『真性《しんせい》の人間《にんげん》』にあらず。
地上《ちじょう》の人間《にんげん》よ、

われ汝《なんじ》らに告《つ》ぐ、
汝《なんじ》ら自身《じしん》の本性《ほんせい》を自覚《じかく》せよ。
汝《なんじ》ら自身《じしん》は『真性《しんせい》の人間《にんげん》』にして、
そのほかの如何《いか》なるものにも非《あら》ず。
されば人間《にんげん》は真理《しんり》の眼《め》より見《み》る時《とき》は
罪《つみ》を犯《おか》す事能《ことあた》わざるものなり、
病《やまい》に罹《かか》る事能《ことあた》わざるものなり、

滅《ほろ》ぶること能《あた》わざるものなり。
誰《たれ》か云《い》う『罪人《つみびと》よ、罪人《つみびと》よ』と。
神《かみ》は罪人《つみびと》を造《つく》り給《たま》わざるが故《ゆえ》に
この世《よ》に一人《ひとり》の罪人《つみびと》もあらず。
罪《つみ》は神《かみ》の子《こ》の本性《ほんせい》に反《はん》す、
病《やまい》は生命其自身《せいめいそれじしん》の本性《ほんせい》に反《はん》す、
死《し》は生命其自身《せいめいそれじしん》の本性《ほんせい》に反《はん》す、

罪《つみ》と病《やまい》と死《し》とは、
畢竟《ひっきょう》存在《そんざい》せざるものを夢中《むちゅう》に描《えが》ける妄想《まよいのかげ》
に過《す》ぎず。
実相《じっそう》の世界《せかい》に於《おい》ては
神《かみ》と人《ひと》とは一体《いったい》なり、
神《かみ》は光源《こうげん》にして
人間《にんげん》は神《かみ》より出《い》でたる光《ひかり》なり。

罪《つみ》と病《やまい》と死《し》とが
実在《じつざい》すると云《い》う悪夢《あくむ》を、
人間《にんげん》に見《み》せしむる根本妄想《こんぽんもうぞう》は、
古《ふる》くは、
人間《にんげん》は塵《ちり》にて造《つく》られたりと云《い》う神学《しんがく》なり。

近《ちか》くは、
人間《にんげん》は物質《ぶっしつ》にて造《つく》られたりと云《い》う近代科《きんだいか》
学《がく》なり。
これらは人間《にんげん》を罪《つみ》と病《やまい》と死《し》との妄想《もうぞう》に導《みちび》
く最初《さいしょ》の夢《ゆめ》なり。
この最初《さいしょ》の夢《ゆめ》を摧破《さいは》するときは
罪《つみ》と病《やまい》と死《し》との

根本原因《こんぽんげんいん》は摧破《さいは》せられて
その本来《ほんらい》の無《む》に帰《き》するなり。
汝《なんじ》ら『生長《せいちょう》の家《いえ》』を読《よ》んで真理《しんり》を知《し》り病《やまい》
の癒《い》ゆるは
この最初《さいしょ》の夢《ゆめ》の摧破《さいは》せらるるが故《ゆえ》なり。
最初《さいしょ》の夢無《ゆめな》ければ
次《つぎ》の夢《ゆめ》なし。

悉《ことごと》く夢《ゆめ》なければ本来人間清浄《ほんらいにんげんしょうじょう》なるが
故《ゆえ》に
罪《つみ》を犯《おか》さんと欲《ほっ》するも
罪《つみ》を犯《おか》すこと能《あた》わず、
悉《ことごと》く夢《ゆめ》なければ自性無病《じしょうむびょう》なるが故《ゆえ》に
病《やまい》に罹《かか》らんと欲《ほっ》するも
病《やまい》に罹《かか》ること能《あた》わず、

悉《ことごと》く夢《ゆめ》なければ本来《ほんらい》永《かぎりなき》生《いのち》なるが故《ゆえ》
に死滅《しめつ》すること能《あた》わず。
されば地上《ちじょう》の人間《にんげん》よ
心《こころ》を尽《つく》して自己《じこ》の霊《れい》なる本体《ほんたい》を求《もと》めよ、
これを夢《ゆめ》と妄想《もうぞう》との産物《さんぶつ》なる物質《ぶっしつ》と肉体《にくたい》
とに求《もと》むること勿《なか》れ。
キリストは

『神《かみ》の国《くに》は汝《なんじ》らの内《うち》にあり』と云《い》い給《たま》えり。

誠《まこと》に誠《まこと》にわれ汝《なんじ》らに告《つ》げん。

『汝《なんじ》らの内《うち》』とは汝《なんじ》ら『人間《にんげん》の自性《じしょう》』なり、『真《しん》の人間《にんげん》』なり。

『汝《なんじ》らの内《うち》』即《すなわ》ち『自性《じしょう》』は神人《しんじん》なるが故《ゆえ》に

『汝《なんじ》らの内《うち》』にのみ神《かみ》の国《くに》はあるなり。
外《そと》にこれを追《お》い求《もと》むる者《もの》は夢《ゆめ》を追《お》いて走《はし》る
者《もの》にして
永遠《えいえん》に神《かみ》の国《くに》を得《う》る事能《ことあた》わず。
物質《ぶっしつ》に神《かみ》の国《くに》を追《お》い求《もと》むる者《もの》は
夢《ゆめ》を追《お》うて走《はし》る者《もの》にして
永遠《えいえん》に神《かみ》の国《くに》を建《た》つる事能《ことあた》わず。

キリストは又云《またい》い給《たま》えり、
『吾《わ》が国《くに》は此《こ》の世《よ》の国《くに》にあらず』と。
此《こ》の世《よ》の国《くに》は唯影《ただかげ》にすぎざるなり。
常楽《じょうらく》の国土《こくど》は内《うち》にのみあり、
内《うち》に常楽《じょうらく》の国土《こくど》を自覚《じかく》してのみ
外《そと》に常楽《じょうらく》の国土《こくど》は其《そ》の映《うつ》しとして顕現《けんげん》せ
ん。

内《うち》に無限健康《むげんけんこう》の生命《せいめい》を自覚《じかく》してのみ
外《そと》に肉体《にくたい》の無限健康《むげんけんこう》は其《そ》の映《うつ》しとして顕《けん》
現《げん》せん。

人間《にんげん》の五官《ごかん》はただ『映《うつ》しの世界《せかい》』を見《み》るに
過《す》ぎず。
『映《うつ》しの世界《せかい》』を浄《きよ》めんと欲《ほっ》すれば心《こころ》の原版《げんばん》

を浄《きよ》めて
迷《まよい》の汚点《おてん》を除《のぞ》かざるべからず。
われ誠《まこと》に物質《ぶっしつ》の世界《せかい》の虚《むな》しきを見《み》たり、
物質《ぶっしつ》の世界《せかい》が影《かげ》に過《す》ぎざることを見《み》たり。
われはまた人間《にんげん》が神《かみ》より放射《ほうしゃ》されたる
光《ひかり》なる事《こと》を見《み》たり。

肉体《にくたい》はただ心《こころ》の影《かげ》なる事実《じじつ》を見《み》たり。
汝《なんじ》ら、物質《ぶっしつ》は移《うつ》りかわる影《かげ》にすぎざる
こと
恰《あたか》も走馬灯《そうまとう》に走《はし》る馬《うま》の如《ごと》し。
されば、影《かげ》を見《み》て実在《じつざい》となすことなかれ。
人間真性《にんげんそのもの》はこれ神人《しんじん》、
永遠不壊不滅《えいえんふえふめつ》の霊体《れいたい》にして

物質《ぶっしつ》をもって造《つく》り固《かた》めたる機械《きかい》にあらず、
また物質《ぶっしつ》が先《ま》ず存《そん》してそれに霊《れい》が宿《やど》りた
るものにもあらず、
斯《か》くの如《ごと》き二元論《にげんろん》は悉《ことごと》く誤《あやま》れり。
物質《ぶっしつ》は却《かえ》ってこれ霊《れい》の影《かげ》、心《こころ》の産物《さんぶつ》なる
こと、
恰《あたか》も繭《まゆ》が先《ま》ず存在《そんざい》して蚕《かいこ》がその中《なか》に宿《やど》る

には非《あら》ずして、
蚕《かいこ》が先《ま》ず糸《いと》を吐《は》きて繭《まゆ》を作《つく》り
繭《まゆ》の中《なか》にみずから蚕《かいこ》が宿《やど》るが如《ごと》し。
人間《にんげん》の真性《しんせい》は先《ま》ず霊《れい》なる生命《せいめい》にして
心《こころ》の糸《いと》を組《く》み合《あわ》せて肉体《にくたい》の繭《まゆ》を造《つく》り
その繭《まゆ》の中《なか》にわれとわが霊《れい》を宿《やど》らせて、
はじめて霊《ことば》は肉体《にくたい》となるなり。

汝《なんじ》ら明《あき》らかに知《し》れ、繭《まゆ》は蚕《かいこ》に非《あら》ず、
然《しか》らば肉体《にくたい》は人間《にんげん》に非《あら》ずして、
人間《にんげん》の繭《まゆ》に過《す》ぎざるなり。
時来《ときき》たらば蚕《かいこ》が繭《まゆ》を食《く》い破《やぶ》って羽化《うか》登仙《とうせん》す
るが如《ごと》く、
人間《にんげん》もまた肉体《にくたい》の繭《まゆ》を食《く》い破《やぶ》って霊界《れいかい》に
昇天《しょうてん》せん。

汝《なんじ》ら決《けっ》して肉体《にくたい》の死滅《しめつ》をもって人間《にんげん》の死《し》
となす勿《なか》れ。
人間《にんげん》は生命《せいめい》なるが故《ゆえ》に
常《つね》に死《し》を知《し》らず。
想念《こころ》に従《したが》い
時《とき》に従《したが》い
必要《ひつよう》に従《したが》いて

肉体《にくたい》と境遇《きょうぐう》とに様々《さまざま》の状態《じょうたい》を顕《あらわ》せども、
生命《せいめい》そのものは病《や》むに非《あら》ず、
生命《せいめい》そのものは死《し》するに非《あら》ず、
想念《こころ》を変《か》うることによって
よく汝《なんじ》らの健康《けんこう》と境遇《きょうぐう》とを変《か》うること
自在《じざい》なり。
されど汝《なんじ》ら、

ついに生命《せいめい》は肉体《にくたい》の繭《まゆ》を必要《ひつよう》とせざる時《とき》
到《いた》らん。
かくの如《ごと》きとき、
生命《せいめい》は肉体《にくたい》の繭《まゆ》を食《く》い破《やぶ》って
一層自在《いっそうじざい》の境地《きょうち》に天翔《あまかけ》らん。
これをもって人間《にんげん》の死《し》となすなかれ。
人間《にんげん》の本体《ほんたい》は生命《せいめい》なるが故《ゆえ》に

常《つね》に死《し》することあらざるなり。

——かく天使《てんのつかい》語《かた》り給《たま》うとき、
虚空《こくう》には微妙《みみょう》の天楽《てんがく》の声《こえ》聞《き》こえ
葩《はなびら》は何処《いずこ》よりともなく雨《あめ》ふりて、
天《てん》の使《つかい》の説《と》き給《たま》える真理《しんり》をば
さながら称《たた》うるものの如《ごと》くなりき。

（聖経 終）
せいきょうおわり

願《ねが》わくは此《こ》の功徳《くどく》を以《もっ》て普《あま》ねく一切《いっさい》に及《およ》ぼし、
我等《われら》と衆生《しゅじょう》と皆倶《みなとも》に実相《じっそう》を成《じょう》ぜんことを。

天使の言葉

『久遠生命《くおんせいめい》』の神示《しんじ》

○

吾《わ》が臨《きた》れるは物《もの》のためではない、生命《せいめい》のためである。肉《にく》のためではない、霊《れい》のためである。これを覚《さと》るものは少《すくな》い。物《もの》の生滅《しょうめつ》に心《こころ》を捉《とら》えられ、物《もの》が殖《ふ》えたときに信仰《しんこう》を高《たか》め、物《もの》が減《へ》ったときに信仰《しんこう》を失《うしな》い、身体《しんたい》が健康《けんこう》になったときに神《かみ》を讃《たた》え、家族《かぞく》の誰《たれ》かに病気《びょうき》が起《おこ》ったと云《い》っては信仰《しんこう》を失《うしな》うが如《ごと》きは、神《かみ》を信《しん》じているのではなく物《もの》を信《しん》じているのである。物《もの》は結局《けっきょく》移《うつ》り変《かわ》るものであるから、物《もの》の御利益《ごりやく》の上《うえ》に建《た》てられた信仰《しんこう》は、物《もの》の移《うつ》り変《かわ》りによって壊《こわ》れるのである。神《かみ》が病気《びょうき》を治《なお》して見《み》せるのは、肉体《にくたい》は心《こころ》でどうにでも移《うつ》り変《かわ》らせることが出来《でき》ると云《い》う事実《じじつ》を見《み》せて、『体《たい》』は念《こころ》の影《かげ》だと云《い》う真理《しんり》をさとらせるためである。念《こころ》の影《かげ》だと云《い》う『体《たい》』とは肉体《にくたい》ばかりのことではない。幽体《ゆうたい》も霊体《れいたい》もすべて念《こころ》の影《かげ》である。『死《し》は無《な》い』と云《い》うのは肉体《にくたい》のことではない。現《げん》に肉体《にくたい》細《さい》胞《ほう》は刻々《こくこく》死滅《しめつ》し流転《るてん》している。生《い》き通《とお》しであるのは、斯《か》くならしめている『生命《せいめい》』のみである。『生命』のみが吾れであり汝であり、そのほかに吾れも汝もないのである。此《こ》の『生命《せいめい》』をみたまと云《い》う。みたまの形《かたち》は珠《たま》のように真《ま》ん円《まる》いからみたまと云《い》うように解《かい》するものもあれども、真《ま》ん円《まる》いのは形《かたち》のことではない。神《かみ》は本来形無《ほんらいかたちな》く、空《くう》のうちに円満具足《えんまんぐそく》して自由自在《じゆうじざい》であるから仮《か》りに称《しょう》して円相《えんそう》と云《い》うのである。自由自在《じゆうじざい》なるが故《ゆえ》に或時《あるとき》は龍神《りゅうじん》の姿《すがた》を現《げん》じ、また或《あ》る時《とき》は衣冠束帯《いかんそくたい》の姿《すがた》を現《げん》じ、或《あ》る時《とき》は天使天童《てんしてんどう》の姿《すがた》を現《げん》ずる。いずれの姿《すがた》も権化《ごんげ》であって偽《いつわり》ではない。しかし一《ひと》つの形《かたち》に執《しゅう》して、それのみを吾《わ》れであると思《おも》うものは、吾《わ》が真実《しんじつ》を知《し》らざるものである。吾《わ》が全相《ぜんそう》を知《し》らざるものである。汝《なんじ》ら心《こころ》して真《まこと》を知《し》れ。汝《なんじ》たちも神の子であるから我《わ》れと同《おな》じきものである。肉体《にくたい》は汝《なんじ》の一《ひと》つの現《あらわ》れであって汝《なんじ》の全相《ぜんそう》ではないのである。（昭和七年四月十日神示）

○

汝《なんじ》の肉体《にくたい》は汝《なんじ》の念絃《ねんげん》の弾奏《だんそう》する曲譜《きょくふ》である。生《せい》命《めい》が肉体《にくたい》に宿《やど》ると云《い》うのは二元的《にげんてき》な考《かんが》え方《かた》であって真理《しんり》ではない。正《ただ》しく言《い》えば生命《せいめい》はその念絃《ねんげん》の弾《だん》ずる曲譜《きょくふ》に従《したが》って肉体《にくたい》を現《あら》わすのである。肉体《にくたい》と云《い》い、複体《ふくたい》と云《い》い、幽体《ゆうたい》と云《い》い、霊体《れいたい》と云《い》うはこれ悉《ことごと》く念《ねん》の映像《えいぞう》に過《す》ぎない。汝《なんじ》の念譜《ねんぷ》の種類《しゅるい》に従《したが》って或《あるい》は肉体《にくたい》を現《げん》じ、或《あるい》は複体《ふくたい》を現《げん》じ、或《あるい》は幽体《ゆうたい》を現《げん》じ、或《あるい》は霊体《れいたい》を現《げん》ずる。すべての人《ひと》はいつかは肉体《にくたい》を失《うしな》うであろうが死《し》ぬのではない。人《ひと》は神《かみ》の子《こ》であるから不死《ふし》である。念譜《ねんぷ》の形式《けいしき》が変《かわ》るに従《したが》って汝《なんじ》の仮有《けう》の形式《けいしき》が変《かわ》るのである。すべての人《ひと》の仮有《けう》は念《ねん》の異《こと》なるに従《したが》って、その顕現《けんげん》を異《こと》にする。念《ねん》の形式《けいしき》に大変動《だいへんどう》を生《しょう》ずれば、汝《なんじ》の仮有《けう》は他界《たかい》に顕現《けんげん》し、今迄《いままで》の念《ねん》の顕現《けんげん》たる肉体《にくたい》は速《すみや》かに自壊自消《じかいじしょう》する。これを人々《ひとびと》は死《し》と呼《よ》ぶが死《し》ではない。それは『生命《せいめい》』が念《ねん》の絃《げん》をもって一曲《いっきょく》を弾《だん》じ終《おわ》ってそれを止《や》め、他《た》の奏曲《そうきょく》に移《うつ》らんとするにも等《ひと》しい。『生命《せいめい》』の弾《だん》ずる念《ねん》の曲譜《きょくふ》の形《けい》式《しき》に大変動《だいへんどう》を生《しょう》ぜず、その念絃《ねんげん》の律動《りつどう》にただ調和《ちょうわ》を欠《か》きたるのみなるを病《やまい》と云《い》う。かくの如《ごと》き病《やまい》は、念絃《ねんげん》の律動《りつどう》の調子《ちょうし》を直《なお》せば治《なお》るのである。併《しか》し如何《いか》にその念絃《ねんげん》の律動正《りつどうただ》しくとも初歩《しょほ》の一曲《いっきょく》は必《かなら》ず終《おわ》って一層高《いっそうたか》き形式《けいしき》の曲譜を学《まな》ばねばならない。吾《わ》が云《い》う意味《いみ》は、地上《ちじょう》の生活《せいかつ》は必《かなら》ず終《おわ》らねばならないと云《い》うことである。地上《ちじょう》の生活《せいかつ》は汝《なんじ》の初歩《しょほ》の一曲《いっきょく》である。速《すみや》かにこれを終《おわ》るものは、初歩《しょほ》の教本《きょうほん》を速《すみや》かに終《お》えたものである。一曲《いっきょく》が終《おわ》らんとするを悲《かな》しむな。それはなお高《たか》き一曲《いっきょく》に進《すす》まんがためである。その前《まえ》に調律者《ちょうりつしゃ》が来《き》て汝《なんじ》の念絃《ねんげん》の調子《ちょうし》を正《ただ》すであろう。この調律《ちょうりつ》のために一時汝《いちじなんじ》の仮有《けう》は調子《ちょうし》ならぬ調子《ちょうし》を奏《かな》でるであろう。此《こ》の世《よ》の一曲《いっきょく》が終《おわ》る前《まえ》に肉体《にくたい》の調子《ちょうし》が乱《みだ》れたように見《み》えるのは此《こ》の調律《ちょうりつ》のためであって真《しん》に調子《ちょうし》が乱《みだ》れたのではない。汝《なんじ》らかくの如《ごと》くして次第《しだい》に高《たか》き曲譜《きょくふ》に進《すす》み行《ゆ》け。一曲《いっきょく》は終《おわ》るとも弾《ひ》き手《て》は終《おわ》るのではない、弾《ひ》き手《て》は神《かみ》の子《こ》であって不死《ふし》であるぞ。（昭和六年六月二十六日神示）

（備考）「久遠《くおん》いのちの歌《うた》」及《およ》び「久遠生命《くおんせいめい》の神示《しんじ》」は肉体《にくたい》が実在《じつざい》に非《あら》ずして、久遠生命《くおんせいめい》のみ実在《じつざい》なることを悟《さと》らしむるものなれば、葬祭行事《そうさいぎょうじ》及《およ》び祖先霊供養《そせんれいくよう》のため読誦《とくじゅ》すれば一層宜《いっそうよろ》し。

聖経　天使《てんし》の言葉《ことば》

天使《てんのつかい》また語《かた》りたまう――
言葉《みことば》は天《てん》に舞《ま》いて五彩《ごさい》の虹《にじ》を現《げん》じ、
地《ち》にひろがりて最《い》と妙《たえ》なる交響楽《こうきょうがく》を奏《そう》
すれば、
天童《てんどう》たちこれに和《わ》して

花爛漫《はならんまん》の樹枝《こえだ》を手《て》にし、
身《み》に羅綾《うすもの》のいと妙《たえ》なるを纏《まと》い、
翩翻《へんぽん》として御空《みそら》に舞《ま》えば、
花葩《はなびら》さんさんと地《ち》に降《ふ》りて
地上《ちじょう》はさながら妙楽《みょうらく》の天園《てんのその》と化《か》したりき。

さて天使《てんのつかい》の言葉《みことば》はのたまわく――

われは完《また》き神《かみ》の啓示者《けいじしゃ》なり。
神《かみ》の与《あた》え給《たま》いしところのものを
吾《わ》れも亦《また》 汝《なんじ》らに与《あた》えん。
神《かみ》の語《かた》り給《たま》いしところのものを
吾《わ》れも亦《また》 汝《なんじ》らに語《かた》らん。
吾《わ》れは創造神《つくりぬし》より遣《つか》わされたる者《もの》なり、
吾《わ》れは創造神《つくりぬし》の道《ことば》なり、

吾《わ》れは創造神《つくりぬし》の波動《ひびき》なり。
吾《わ》れは創造神《つくりぬし》より来《きた》りて汝《なんじ》らを言葉《ことば》にて
　照《て》り輝《かが》やかさん。
創造神《つくりぬし》の光波《ひかり》は吾《わ》れにして
吾《わ》が光波《ひかり》の射《さ》すところ
暗黒《やみ》なく
病《やまい》なく

老《おい》なく
死《し》なし。
信《しん》ずる者《もの》は限《かぎ》りなき生命《いのち》を得《え》て永遠《えいえん》に
輝《かがや》かん。
我《われ》は創造神《つくりぬし》の言葉《ことば》なればなり。
吾《わ》が言葉《ことば》は吾《わ》が息《いき》の言《い》う処《ところ》に非《あら》ず、
神《かみ》、我《わ》れと偕《とも》にありて、

吾《わ》れも亦《また》吾《わ》が言葉《ことば》の内《うち》に神《かみ》の声《こえ》を聞《き》くなり。

吾《わ》れは喇叭《らっぱ》なり。

汝《なんじ》らよ――

吾《わ》れ個《ひと》神《り》を善《よ》しと云《い》う事勿《ことなか》れ。

形《かたち》に現《あらわ》れたる神《かみ》を讃《ほ》むること勿《なか》れ。

吾《われ》に宿《やど》る善《よ》きものは皆普遍《みなふへん》なる神《かみ》より来《きた》

る。
汝《なんじ》ら吾《わ》が示《しめ》すところの神《かみ》を崇《あが》めよ。
吾《わ》れを崇《あが》めよと云《い》うには非《あら》ず。
吾《わ》れはただ天使《つかい》なり、
吾《わ》れみずからの本性《ほんせい》の神《かみ》なることを観《み》たれば、
吾《わ》れ汝《なんじ》らの本性《ほんせい》の神《かみ》なることを悟《さと》らしめ

ん。

汝《なんじ》らの先《ま》ず悟《さと》らざるべからざる真理《しんり》は、『我《われ》』の本体《ほんたい》がすべて神《かみ》なることとなり、汝《なんじ》ら億兆《おくちょう》の個霊《みたま》も、悉《ことごと》くこれ唯一神霊《ゆいいつしんれい》の反映《うつし》なることを知《し》れ。

喩《たと》えば此処《ここ》に一個《いっこ》の物体《ぶったい》の周囲《まわり》に百万《ひゃくまん》の

鏡《かがみ》を按《お》きて
これに相対《あいたい》せしむれば一個《いっこ》もまた百万《ひゃくまん》の
姿《すがた》を現《げん》ぜん。
斯《か》くの如《ごと》く汝《なんじ》らの個霊《みたま》も
甲乙《こうおつ》相分《あいわか》れ、
丙丁《へいてい》互《たがい》に相異《あいことな》る相《すがた》を現《げん》ずるとも
悉《ことごと》くこれ唯一神霊《ゆいいつしんれい》の反映《うつし》にしてすべて

一《ひと》つなれば
これを汝《なんじ》ら互《たがい》に兄弟《きょうだい》なりと云《い》う。
すべての生命《いのち》を互《たがい》に兄弟《きょうだい》なりと知《し》り、
すべての生命《いのち》を互《たがい》に姉妹《しまい》なりと知《し》り、
分《わか》ち難《がた》くすべての生命《いのち》が一体《いったい》なることを
知《し》り、
神《かみ》をすべての生命《いのち》の父《ちち》なりと知《し》れば、

汝《なんじ》らの内《うち》おのずから愛《あい》と讃嘆《さんたん》の心湧《こころわ》き
起《おこ》らん。
されば汝《なんじ》らよ、
肉体《にくたい》の外形《そとのかたち》に捉《とら》わるること勿《なか》れ。
外形《がいけい》によって兄弟《きょうだい》を相隔《あいへだ》つること勿《なか》れ。
外形《がいけい》は唯自己《ただじこ》の信念《しんねん》の影《かげ》を見《み》るに過《す》ぎ
ず。

無限《むげん》の生命《いのち》が、
如何《いか》にしてか老《お》い朽《く》つべき肉体《にくたい》のうちに宿《やど》
ることを得《え》んや。
天使《てんのつかい》斯《か》くのたまえば――
翩翻《へんぽん》としてみ空《そら》に舞《ま》える天童《てんどう》たち
舞《ま》い終《おわ》りて一斉《いっせい》に天使《てんし》に対《むか》いて一揖《いちゆう》す。
此時《このとき》天《てん》の童子《どうじ》のうちより、

緑色《みどりいろ》の羅綾《うすもの》にその玉《たま》の如《ごと》き身《み》を包《つつ》める
いと臈《ろう》たけたる一人《ひとり》進《すす》み出《い》で、
『されど生命《せいめい》の長老《ちょうろう》よ』
と呼《よ》びかけて反問《はんもん》す。
『近代《きんだい》の科学者《かがくしゃ》は頭脳《ずのう》にて物《もの》を思考《しこう》し、
神経細胞《しんけいさいほう》にて物《もの》を感《かん》ずると云《い》うに非《あら》ず
や。

頭脳《ずのう》なく、神経細胞《しんけいさいほう》なければ
如何《いか》にしてか、物《もの》を考《かんが》え、
物《もの》を感《かん》ずることを得《う》べけんや』と。
天使《てんのつかい》再《ふたた》び答《こた》え給《たま》わく――
汝《なんじ》ら、
『肉体細胞《にくたいさいほう》』と呼《よ》ぶ物質《ぶっしつ》のうちに
快《かい》あり苦《く》あり感覚《かんかく》ありと思《おも》うは虚妄《まよい》な

り。

肉体《にくたい》は本来《ほんらい》『無《む》』なるが故《ゆえ》に、

それはただ想念《そうねん》の影《かげ》なるが故《ゆえ》に、

吾《われ》らが肉体《にくたい》を忘《わす》れて忘我《ぼうが》の境《きょう》にあると

き、

吾《われ》らの肉体《にくたい》は最《もっと》も完全《かんぜん》にその職能《はたらき》を発《はっ》

揮《き》するなり。

肉体《にくたい》はその背後《はいご》に『心《こころ》』ありて
想念《そうねん》のフィルムを回転《かいてん》して
『現世《うつしよ》』の舞台面《スクリーン》に肉体《にくたい》の映画《すがた》を現《げん》ぜるに過《す》ぎず。

汝《なんじ》ら自己《じこ》をば肉体《にくたい》なりと観《かん》ずる夢《ゆめ》を破《やぶ》れ。

現世《うつしよ》に於《おい》ても優《すぐ》れたる科学者《かがくしゃ》は

人間《にんげん》を肉体《にくたい》なりと観《かん》ぜず、
感覚《かんかく》は肉体《にくたい》の背後《はいご》にある心《こころ》の感《かん》じなる事《こと》
をあきらかにせり。
嘗《かつ》て伊太利《イタリー》の大医《たいい》ロンブロゾーが
或《あ》る神経病者《しんけいびょうしゃ》を取扱《とりあつか》いし記録《きろく》を見《み》ずや。
患者《かんじゃ》は感覚《かんかく》の転位《てんい》を起《おこ》して
眼球《がんきゅう》をもって物象《かたち》を見《み》ることを得《え》ず、

指頭《ゆびさき》をもって物象《かたち》を見《み》ることを得《え》しにあらずや。
指頭《ゆびさき》には眼球《がんきゅう》なく、
網膜《もうまく》なく、
視神経《ししんけい》なし、
されど彼《かれ》の指頭《ゆびさき》はよく物象《かたち》を見《み》ることを得《え》しに非《あら》ずや。

この事実《じじつ》は、
感覚《かんかく》が肉体《にくたい》になく、
神経細胞《しんけいさいほう》になく、
その背後《はいご》にある『心《こころ》』に在《あ》ることを立証《りっしょう》
するものなり。
『心《こころ》』にして見《み》ることを肯《がえ》んずれば、
指頭《ゆびさき》も尚《なお》物象《かたち》を見《み》るを得《う》べく、

また其《そ》の指頭《ゆびさき》すら無《な》くして
なお物象《かたち》を見《み》、ものを聞《き》くことを得《う》べし。
天眼天耳《てんがんてんじ》と称《しょう》するもの即《すなわ》ちこれなり。
かの楽聖《がくせい》ベートーベンの
有名《ゆうめい》なる諸作品《しょさくひん》は
彼《かれ》の肉体《にくたい》の耳聾《みみし》いて
物体《ぶったい》の音響《おんきょう》を殆《ほとん》ど弁別《べんべつ》し難《がた》き晩年《ばんねん》に到《いた》

りて作曲《さっきょく》せられしに非《あら》ずや。
彼《かれ》の肉体《にくたい》の耳《みみ》は聾《し》いたれども
心《こころ》の耳《みみ》ひらけたれば、
こころの耳《みみ》はピアノの鍵盤《けんばん》に触《ふ》るるに
従《したが》いて
その微妙《たえ》なる奏曲《そうきょく》を分別《ふんべつ》し得《え》たるなり。
かくの如《ごと》く人《ひと》は

心《こころ》だに肉体《にくたい》に捉《とら》われざれば
眼《まなこ》なくして物《もの》を見《み》、
耳《みみ》なくして物《もの》を聞《き》き、
体《からだ》なくして物《もの》に触《ふ》るることを得《う》るは事実《じじつ》
にして理論《りろん》にあらず。
この時《とき》、天《てん》の童子《どうじ》反問《はんもん》す――
『主《しゅ》よ、眼《まなこ》なく耳《みみ》なくして、物《もの》を見《み》、物《もの》を

聞《き》くを得《う》るは聞《き》きしことあれども、
体《からだ》なくして物《もの》に触《ふ》るることは不可能《ふかのう》にあ
らずや』と。
天《てん》の使《つかい》こたえ給《たま》う――
汝《なんじ》ら近頃《ちかごろ》の心霊科学《しんれいかがく》の実験《じっけん》を見《み》しことな
きや。
被実験者《ひじっけんしゃ》は椅子《いす》に緊縛《きんばく》せられて一毫《いちごう》もそ

の肉体《にくたい》は動《うご》く能《あた》わずして、
尚《なお》、凝念《こころ》の力《ちから》によりて
或《あるい》は机《つくえ》を空中《くうちゅう》に浮揚《ふよう》せしめ、
或《あるい》は手風琴《てふうきん》を空中《くうちゅう》に飛翔《ひしょう》せしめ、
或《あるい》は空中《くうちゅう》のメガホーンより声《こえ》を出《い》ださしめ、
或《あるい》は空中《くうちゅう》より手風琴《てふうきん》を奏《そう》せしむること

を得《う》、

これ体《からだ》なくして物《もの》に触《ふ》れ物《もの》を動《うご》かし得《う》る実例《じつれい》なり。

心《こころ》が『物《もの》』を動《うご》かすことを得《う》るは『物《もの》』と心《こころ》とが全然別物《ぜんぜんべつもの》に非《あら》ずして『物《もの》』は『心《こころ》』の痕跡《こんせき》なるが故《ゆえ》なり。

例《たと》えば美術家《びじゅつか》が巧《たく》みなる絵《え》を描《えが》くに

絵《え》は美術家《びじゅつか》の心《こころ》の痕跡《こんせき》にすぎずして、
絵《え》は美術家《びじゅつか》そのものに非《あら》ざるが如《ごと》し。
斯《か》くの如《ごと》く人間《にんげん》の肉体《にくたい》も人間《にんげん》の心《こころ》の痕跡《こんせき》
にして
人間《にんげん》そのものには非《あら》ざるなり。
念《こころ》に従《したが》って、
肉体《にくたい》の相貌《かたち》或《あるい》は美《うつく》しく或《あるい》は見苦《みぐる》しく変化《へんか》

し、
健康《けんこう》もまた念《こころ》に従《したが》って変化《へんか》す。
人《ひと》この理《ことわり》をさとれば
意《こころ》のままに自己《じこ》の肉体《にくたい》を支配《しはい》して変化《へんか》せ
しむることを得《え》ん。
迷妄《まよい》は云《い》う『人《ひと》とは肉体也《にくたいなり》』と。
されど肉体《にくたい》は人《ひと》には非《あら》ざるなり。

『人《ひと》』の実相《じっそう》は神《かみ》の子《こ》にして、
生《い》きとおしの生命《せいめい》なれば
生滅《しょうめつ》つねなき肉体《にくたい》を以《もっ》て代表《だいひょう》せしめ得《う》
るものには非《あら》ず。
すべて生滅常《しょうめつつね》なきものは
実体《じったい》に非《あら》ずして
ただ信念《しんねん》の反映《かげ》に過《す》ぎず。

信念《しんねん》を変《か》うればまたその相《すがた》も変化《へんか》せん。
物質《ぶっしつ》は事物《じぶつ》の実相《じっそう》に非《あら》ず、
ただ念《こころ》に従《したが》って生滅《しょうめつ》す。
物質《ぶっしつ》は念《こころ》の影《かげ》なるが故《ゆえ》に、
それ自身《じしん》意識《いしき》を有《ゆう》せず、
感覚《かんかく》を有《ゆう》せず、
痛《いた》みを感《かん》ぜず、

病《やまい》を感《かん》ぜざるを本性《ほんせい》とす。
然《しか》るに物質《ぶっしつ》にあり得《う》べからざる痛苦《いたみ》を
物質《ぶっしつ》なる肉体《にくたい》が感《かん》ずるは、
唯《ただ》『感《かん》ずる』と云《い》う念《ねん》あるが故《ゆえ》なり。
肉体《にくたい》に若《も》し催眠《さいみん》術《じゅつ》を施《ほどこ》して
彼《かれ》の念《ねん》を一時的《いちじてき》に奪《うば》い去《さ》れば、
針《はり》にて刺《さ》すとも痛《いた》みを感《かん》ぜず、

メスにて切《き》るとも痛《いた》みを感《かん》ぜず、
無痛刺針《むつうししん》、無痛施術《むつうしじゅつ》等《とう》自由自在《じゆうじざい》に行《おこな》わるるに非《あら》ずや。
『念《ねん》』全《まった》く去《さ》りたるものを死体《したい》と云《い》う。
汝《なんじ》ら死体《したい》が痛《いた》みを感《かん》じたるを見《み》しことありや。
死体《したい》は『念《ねん》』去《さ》れるが故《ゆえ》に痛《いた》みなきなり。

『念《ねん》』に従《したが》って一つ《ひと》の組織《そしき》を現《げん》ぜるもの
この『生《い》ける肉体《にくたい》』なり。
されば『生《い》ける肉体《にくたい》』は念《ねん》に従《したが》ってその
状《すがた》を変《へん》ず。
『健《けん》』を念《ねん》ずれば身健《みすこや》かとなり、
『病《やまい》』を念《ねん》ずれば身《み》に病《やまい》を現《げん》ず。
されば汝《なんじ》ら常《つね》に『健《けん》』を念《ねん》じて

『病《やまい》』を念《ねん》ずること勿《なか》れ。
若《も》し、汝《なんじ》の『念《ねん》』肉体《にくたい》を去《さ》れば、
生《い》ける肉体《にくたい》死体《したい》と変《へん》じ、
死体《したい》はその状態《じょうたい》を維持《いじ》する『念《ねん》』の力《ちから》
の去《さ》ると共《とも》に、
分解《ぶんかい》して宇宙《うちゅう》の要素《ようそ》に復帰《ふっき》せん。
肉体《にくたい》を去《さ》りたる『念《ねん》』は、

その念《ねん》の力《ちから》にてなお一《ひと》つの個性《こせい》を持続《じぞく》し、
幽界《ゆうかい》に於《お》いて生活《いとなみ》をつづけん。
汝《なんじ》らの霊魂《れいこん》と称《しょう》するもの是《これ》にして、
『念《こころ》』の浄《きよ》まるに従《したが》って
それに相応《ふさ》わしき高《たか》き霊界《れいかい》に入《い》り、
『念《こころ》』の浄《きよ》まらざるものは、
それに相応《ふさわ》しき環境《かんきょう》を『念《ねん》』の力《ちから》にて

仮作《けさ》し、
その環境《かんきょう》にいて苦《くる》しまん。
されば汝《なんじ》ら、
常《つね》に心《こころ》を高《たか》く持《じ》して
苟《いやしく》も悪《あく》を念《ねん》ずること勿《なか》れ。
苟《いやしく》も不浄《ふじょう》を念《ねん》ずること勿《なか》れ。
また苟《いやしく》も苦《くるしみ》を念《ねん》ずること勿《なか》れ。

また苟《いやしく》も病《やまい》を念《ねん》ずること勿《なか》れ。
悪《あく》と不浄《ふじょう》と苦《くるしみ》と病《やまい》とは、
神《かみ》の創造《つく》り給《たま》いしものに非《あら》ざれば、
ただ汝《なんじ》らの『念《ねん》』の妄想《もうぞう》せる幻《まぼろし》に過《す》ぎざるなり。

汝《なんじ》ら暗《やみ》を見《み》て、
暗《やみ》を実在《じつざい》すと信《しん》ずること勿《なか》れ。

暗《やみ》は唯是《ただこ》れ光《ひかり》の非在《ひざい》に過《す》ぎず。
悪《あく》と不浄《ふじょう》と苦《くるしみ》と病《やまい》とは
ただ神《かみ》の創造《そうぞう》の無《む》をあらわす。
神《かみ》の創造《そうぞう》なければ
其処《そこ》に実在《じつざい》なし、
実在《じつざい》の『無《む》』――これを称《しょう》して悪《あく》と云《い》い
不浄《ふじょう》と云《い》い苦《くるしみ》と云《い》い病《やまい》と云《い》う。

されば汝《なんじ》ら何《なん》の故《ゆえ》に実在《じつざい》に非《あら》ざる苦《くるしみ》を
恐《おそ》るるや、
何《なん》の故《ゆえ》に実在《じつざい》に非《あら》ざる病《やまい》を恐《おそ》るるや、
暗《やみ》の中《なか》にいて恐怖《きょうふ》すれば
枯尾花《かれおばな》も幽霊《ゆうれい》の姿《すがた》を現《げん》ず。
斯《か》くの如《ごと》く心《こころ》の暗《やみ》の中《なか》にいて病《やまい》を恐怖《きょうふ》す
れば

非在《ひざい》の病《やまい》も実在《じつざい》の如《ごと》き姿《すがた》をもって現《あらわ》れん。
されど病《やまい》は実在《じつざい》に非《あら》ずして
ただ恐怖《きょうふ》の反映《かげ》に過《す》ぎず。
心《こころ》の暗《やみ》の中《なか》に光射《ひかりさ》し来《きた》りて
汝《なんじ》らの恐怖心《きょうふしんき》消ゆるとき
病《やまい》はおのずから自消自滅《じしょうじめつ》して本来《ほんらい》の『無《む》』

を露《あら》わさん。

されば汝《なんじ》ら、

心《こころ》の中《うち》に常《つね》に円満完全清浄《えんまんかんぜんしょうじょう》なる実在《じつざい》の相《すがた》を描《えが》けよ。

常《つね》に円満完全《えんまんかんぜん》無病《むびょう》なる神《かみ》の子《こ》の相《すがた》を描《えが》けよ。

人《ひと》は神《かみ》の子《こ》にして其《そ》の他《ほか》の何者《なにもの》にも非《あら》ざ

るなり。

円満完全《えんまんかんぜん》なる神《かみ》より不幸《ふこう》は生《しょう》ぜず、円満完全《えんまんかんぜん》なる神《かみ》より病《やまい》は生《しょう》ぜず、不幸《ふこう》と病《やまい》は唯《ただ》これ五官《ごかん》の妄想《まよい》に過《す》ぎざるなり。

汝《なんじ》ら病《やまい》を恐《おそ》るること勿《なか》れ。

五官《ごかん》の感覚《かんかく》に描《えが》かれたる病《やまい》は

一毫《いちごう》も汝《なんじ》らの生命《せいめい》の実相《じっそう》を病《や》ましむること能《あた》わず、
一毫《いちごう》も汝《なんじ》らの生命《せいめい》の実相《じっそう》を不幸《ふこう》ならしむること能《あた》わず、
如何《いか》なる病《やまい》も
如何《いか》なる不幸《ふこう》も
ただ『生命《せいめい》の実相《じっそう》』の表面《ひょうめん》を掩《おお》える

叢雲《むらくも》の如《ごと》き幻《まぼろし》に過《す》ぎざるなり。
その幻《まぼろし》はすべて
『生命《せいめい》の実相《じっそう》』を知《し》らざる迷《まよい》より生《しょう》ず、
汝《なんじ》ら『生命《せいめい》の実相《じっそう》』を知《し》り、
迷滅《まよいめつ》すれば恐怖滅《きょうふめつ》し、
恐怖滅《きょうふめつ》すれば
一切《いっさい》の不幸《ふこう》と病《やまい》おのずから滅《めつ》せん。

かく天使《てんのつかい》語《かた》り給《たま》えば――

虚空《こくう》に蓬萊島《ほうらいとう》の如《ごと》き理想郷《りそうきょうじ》実現《つげん》し

島《しま》の頂《いただき》には水晶《すいしょう》にて造《つく》れる宮殿《きゅうでん》ありて

その甍《いらか》も柱《はしら》も悉《ことごと》く水晶《すいしょう》なり。

天使《てんのつかい》その主座《しゅざ》に坐《ざ》し給《たま》えば、

天童《てんどう》たちその甍《いらか》を透過《つらぬ》きて天《てん》より舞《ま》い降《くだ》りて

悉《ことごと》く天使《てんのつかい》の周囲《しゅうい》に輪《わ》を描《えが》く。
此《こ》の時《とき》いずこともなく天楽《てんがく》の音《ね》嚠喨《りゅうりょう》とし
て聞《きこ》え、
天童《てんどう》これに和《わ》し羅綾《うすもの》を流《ながれ》の如《ごと》く引《ひ》いて舞《ま》
えば
島《しま》をめぐれる紺青《こんじょう》の海《うみ》に
ベニスのゴンドラ船《ぶね》の如《ごと》き

半月《はんげつ》の船《ふね》静《しず》かに辷《すべ》りていと平和《へいわ》なる状態《すがた》なり。
此《こ》の時天使《ときてんのつかい》の声《こえ》水晶宮《すいしょうきゅう》より出《い》でて虚空《こくう》に轟《とどろ》き、
地《ち》を指《ゆびさ》して宣《のたま》わく、
『見《み》よ これ実相世界《じっそうせかい》なり、
実相世界《じっそうせかい》は父《ちち》の国《くに》なり、

天国《てんごく》なり、
浄土《じょうど》なり。
父《ちち》の国《くに》には住居《すまい》多《おお》し。
実相世界《じっそうせかい》の住居《すまい》は悉《ことごと》くこれ「生長《せいちょう》の家《いえ》」
なれば
住民《すむひと》に飢《う》えなく、
悲《かな》しみなく、

争《あらそ》いなく、
病《やまい》なく、
万《よろず》の物《もの》ことごとく意《こころ》に従《したが》って出現《しゅつげん》し、
用足《ようた》りておのずから姿《すがた》を消《け》す。
円満具足《えんまんぐそく》 清浄微妙《しょうじょうみみょう》の世界《せかい》、
これ実相世界《じっそうせかい》、
これ汝《なんじ》らの世界《せかい》、

そのほかに世界《せかい》あることなし。』
斯《か》く天使《てんのつかい》の宣《のたま》うとき、
天使《てんのつかい》の指《ゆびさ》し給《たま》う方《かた》を見《み》れば
『生長《せいちょう》の家《いえ》』無数《むすう》に建《た》ち並《なら》びて
甍列《いらかれつ》をなし
炊煙春《すいえんはる》の霞《かすみ》の如《ごと》く棚引《たなび》きて
住民悉《じゅうみんことごと》く鼓腹撃壌《こふくげきじょう》し、

其処《そこ》はただ常楽《じょうらく》の世界《せかい》を現《げん》じたりき。

（聖経《せいきょう》終《おわり》）

願《ねが》わくは此《こ》の功徳《くどく》を以《もっ》て普《あま》ねく一切《いっさい》に及《およ》ぼし、
我等《われら》と衆生《しゅじょう》と皆倶《みなとも》に実相《じっそう》を成《じょう》ぜんことを。

久遠《くおん》いのちの歌《うた》

是《こ》の身《み》は霓《にじ》の如《ごと》し、
霓《にじ》は久《ひさ》しく立《た》つ能《あた》わず、
須臾《しゅゆ》にして消《き》ゆ。

是《こ》の身《み》は泡《あわ》の如《ごと》し、
泡《あわ》は久《ひさ》しく立《た》つ能《あた》わず、

須臾《しゅゆ》にして消《き》ゆ。

是《こ》の身《み》は幻《まぼろし》の如《ごと》し、
幻《まぼろし》は久《ひさ》しく立《た》つ能《あた》わず、
須臾《しゅゆ》にして消《き》ゆ。

是《こ》の身《み》は響《ひびき》の如《ごと》し、

響《ひびき》は久《ひさ》しく立《た》つ能《あた》わず、
須臾《しゅゆ》にして消《き》ゆ。

是《こ》の身《み》は稲妻《いなづま》の如《ごと》し、
稲妻《いなづま》は久《ひさ》しく立《た》つ能《あた》わず、
須臾《しゅゆ》にして消《き》ゆ。

是《こ》の身《み》は浮雲《うきぐも》の如《ごと》し、
浮雲《うきぐも》は久《ひさ》しく立《た》つ能《あた》わず、
須臾《しゅゆ》にして消《き》ゆ。

是《こ》の身《み》は水流《すいりゅう》の如《ごと》し、
水流《すいりゅう》は久《ひさ》しく立《た》つ能《あた》わず、
念々《ねんねん》に流《なが》れ去《さ》る。

是《こ》の身《み》は芭蕉《ばしょう》の如《ごと》し、
実《じつ》ありと見《み》ゆれども、
中空《なかくう》にして実《じつ》あらず。

是《こ》の身《み》は焔《ほのお》の如《ごと》し、
温《あたた》かく見《み》ゆれども、

一切《いっさい》を焼《や》き尽《つく》して空《むな》し。
是《こ》の身《み》は夢《ゆめ》の如《ごと》し、
実《じつ》ありと見《み》ゆれども、
虚《きょ》にして空《むな》し。

是《こ》の身《み》は迷《まよい》より出《い》ず、

実《じつ》ありと見《み》ゆれども、
妄《もう》にして空《むな》し。

この身《み》は主《しゅ》なし、
主《しゅ》ありと見《み》ゆれども、
主《しゅ》なくして空《むな》し。

この身《み》は心性《こころ》なし、
心性《こころ》ありと見《み》ゆれども、
瓦礫《がれき》の如《ごと》く心性《こころ》なし。

この身《み》は生命《いのち》なし、
旋風《せんぷう》に舞《ま》う樹《こ》の葉《は》の如《ごと》く、
唯業力《ただごうりき》に転《てん》ぜらる。

是《こ》の身《み》は不浄《ふじょう》なり、
美《うつく》しく見《み》ゆれども、
内《うち》に醜《みにく》きもの充満《じゅうまん》す。

是《こ》の身《み》は無常《むじょう》なり、
堅固《けんご》なりと見《み》ゆれども、

必《かなら》ずや当《まさ》に死《し》すべき時臨《ときき た》らん。

泡《あわ》の如《ごと》く、霓《にじ》の如《ごと》く、

幻《まぼろし》の如《ごと》く、響《ひびき》の如《ごと》く、

過《す》ぎ去《さ》るものは実在《じつざい》に非《あら》ず。

汝《なんじ》ら実在《じつざい》に非《あら》ざるものを、

『我《われ》』なりと云《い》うべからず、
当《まさ》にこれを『我《われ》』と云《い》うべからず。

空《むな》しきものは『我《われ》』に非《あら》ず、
死《し》するものは『我《われ》』に非《あら》ず、
無常《むじょう》なるものは『我《われ》』に非《あら》ず。

法身《ほっしん》こそ応《まさ》に『我《われ》』なり。
仏身《ぶっしん》こそ応《まさ》に『我《われ》』なり。
金剛身《こんごうしん》こそ応《まさ》に『我《われ》』なり。

不壊《ふえ》なるものこそ応《まさ》に『我《われ》』なり。
死《し》せざるものこそ応《まさ》に『我《われ》』なり。
尽十方《じんじっぽう》に満《み》つるものこそ応《まさ》に『我《われ》』なり。

実相《じっそう》を観《かん》ずる歌《うた》

(一)

神《かみ》はすべてのすべて、
神《かみ》は完《また》き生命《いのち》、
神《かみ》は完《また》き叡智《みちえ》、
神《かみ》は完《また》き聖愛《みあい》。

すべてのものの内《うち》に、
神《かみ》の生命《いのち》は生《い》くる、
神《かみ》の叡智《みちえ》は生《い》くる、
神《かみ》の聖愛《みあい》は生《い》くる。

神《かみ》はすべてにして、
すべて一体《ひとつ》なれば、
よろずもの皆共通《みなひとつ》の
ちから是《これ》を生《い》かせり。

天地《あめつち》の創造主《つくりぬし》は、
唯一《ただひと》つの神《かみ》にませば、
天地《あめつち》はただ一《ひと》つに、
いと妙《たえ》に調和満《ちょうわみ》つる。

吾《わ》れ座《ざ》す妙々実相世界《みょうみょうじっそうせかい》
吾身《わがみ》は金剛実相神《こんごうじっそうかみ》の子《こ》
万《よろ》ず円満大調和《えんまんだいちょうわ》、
光明遍照実相世界《こうみょうへんじょうじっそうせかい》。

㈡

神《かみ》は生命《いのち》にして、
吾《わ》れは神《かみ》の子《こ》なれば、
吾《わ》れはすべてを生《い》かし、
すべては吾《わ》れを生《い》かす。

…………………………

神《かみ》は愛《あい》にして、
吾《わ》れは神《かみ》の子《こ》なれば、
吾《わ》れはすべてを愛《あい》し、
すべては吾《わ》れを愛《あい》す。

神《かみ》は智慧《ちえ》にして、
吾《わ》れは神《かみ》の子《こ》なれば、
吾《わ》れはすべてを知《し》り、
全《すべ》てのもの吾《われ》を知《し》れり。

…………………………

神《かみ》はすべてにして、
吾《わ》れは神《かみ》の子《こ》なれば、
吾《わ》れ祈《いの》れば天地《てんち》応《こた》え、
吾《わ》れ動《うご》けば宇宙《うちゅう》動《うご》く。

吾《わ》れ座《ざ》す妙々《みょうみょう》実相《じっそう》世界《せかい》
吾身《わがみ》は金剛《こんごう》実相《じっそう》神《かみ》の子《こ》
万《よろ》ず円満《えんまん》大調和《だいちょうわ》、
光明《こうみょう》遍照《へんじょう》実相《じっそう》世界《せかい》。

合本《がっぽん》 聖経《せいきょう》 ブック型《がた》　甘露《かんろ》の法雨《ほうう》　天使《てんし》の言葉《ことば》

令和五年五月一日　初版発行

著　　者　谷口雅春《たにぐちまさはる》

責任編集　公益財団法人　生長の家社会事業団
　　　　　谷口雅春著作編纂委員会

発 行 所　株式会社　光明思想社
　　　　　〒一〇三‐〇〇〇四
　　　　　東京都中央区東日本橋二‐二七‐九　初音森ビル一〇F
　　　　　電話〇三‐五八二九‐六五八一
　　　　　郵便振替〇〇一二〇‐六‐五〇三〇二八

装　　幀
本文組版　メディア・コパン

印刷・製本　モリモト印刷株式会社

ISBN978-4-86700-043-4